9 Novembre 1887.

VENTE DU MERCREDI 9 NOVEMBRE 1887

HOTEL DROUOT, SALLE N° 3

RICHES ÉTOFFES

Objets de Vitrine

BRONZES — MEUBLES

PORCELÁINES

GRAND TAPIS D'ORIENT

BELLES TAPISSERIES

EXPOSITION PUBLIQUE

LE MARDI 8 NOVEMBRE 1887

de 1 heure à 5 heures.

Me PAUL CHEVALLIER | **M. CHARLES MANNHEIM**

COMMISSAIRE-PRISEUR | EXPERT

10, rue Grange-Batelière, 10. | 7, rue Saint-Georges, 7.

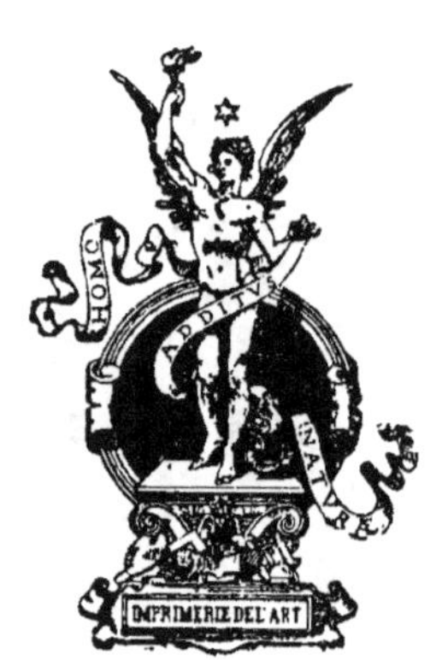
HOMO
ADDITVS
NATVRÆ
IMPRIMERIE DE L'ART

CATALOGUE

DES

RICHES ÉTOFFES

Beaux Couvre-lits brodés sur soie, satin, toile, etc.
Costume Régence velours brodé en fin
Rideaux, Lambrequins, Tentures
en lampas, en tapisserie ancienne, en peluche, etc.
Paravents en satin de Chine

GRAND TAPIS ORIENTAL

Miniatures, Tabatières, Matières dures, Objets de vitrine, Curiosités

Porcelaines de Chine, de Saxe, etc.

BRONZES

Jolie garniture de style Louis XVI

MEUBLES

Jolies vitrines — Sièges capitonnés

BELLES TAPISSERIES

DONT LA VENTE AURA LIEU

HOTEL DROUOT, SALLE Nº 3

Le Mercredi 9 Novembre 1887

A DEUX HEURES

Mᵉ PAUL CHEVALLIER	**M. CHARLES MANNHEIM**
COMMISSAIRE-PRISEUR	EXPERT
10, rue de la Grange-Batelière, 10	7, rue Saint-Georges, 7

EXPOSITION PUBLIQUE

Le Mardi 8 Novembre 1887, de 1 heure à 5 heures

CONDITIONS DE LA VENTE

Elle sera faite au comptant.

Les acquéreurs paieront, en sus des adjudications, *cinq pour cent* applicables aux frais.

L'Exposition mettant le public à même de se rendre compte de l'état des objets, il ne sera admis aucune réclamation une fois l'adjudication prononcée.

Paris. — Imp. de l'Art. E. Ménard et J. Augry
41, rue de la Victoire. 41

DÉSIGNATION DES OBJETS

ÉTOFFES

BRODERIES, VELOURS, SOIERIES, SIÈGES
TAPISSERIES, TAPIS D'ORIENT

1 — Cinq beaux lambrequins en tapisserie de
l'époque Louis XIV, décorée de bouquets de
fleurs sur fond bleu de ciel et de motifs d'enca-
drements jaune d'or et bleu foncé. Trois de ces
lambrequins sont bordés de franges de couleur.

2 — Beau couvre-lit portugais d'un riche décor
exécuté au point de chaînette en soie de couleur, offrant au centre un médaillon circulaire,
et aux angles quatre carrés : *les Cinq sens,* ca-
ractérisés par de jeunes dames en costume
Louis XIII. Des oiseaux et des animaux de
toutes sortes, des festons de fleurs recouvrent
tout le champ de l'étoffe, qui est en soie gros
bleu.

3 — Couvre-lit en toile blanche, richement brodé au passé en soie de couleurs avec rehauts de fils métalliques. Une grosse rosace centrale donne naissance à des rinceaux fleuris. Triple bordure faite de festons de fleurs et de feuillages.

4 — Beau couvre-lit de soie bleu de ciel, décoré de broderie de fils métalliques dorés et de soies rouge et jaune ; le champ de l'étoffe est couvert de rinceaux fleuris parmi lesquels volètent des oiseaux. Au centre, un médaillon représente un aigle héraldique.

5 — Couvre-lit de toile blanche, richement brodé au passé en soie de couleur avec rehauts de fils métalliques dorés. Au centre, médaillon contenant un paon, dans une bordure représentant des animaux ; autour, des gerbes de fleurs s'échappent de vases. Large bordure formée d'un feston de fleurs.

6 — Couvre-lit en soie ponceau, broché en couleur à larges dessins, corbeilles de fleurs, feuilles et rinceaux, et à grosse rosace centrale.

7 — Couvre-lit en satin rose de la Chine, avec médaillon central représentant une barque de pêcheur et bordure à festons de fleurs en broderie de soie de couleur ; il est bordé d'un effilé de soies multicolores.

8 — Couvre-lit en lampas à large dessin Louis
XV, broché en couleur sur fond rouge.

9 — Couvre-lit en soie à décor d'aigles héraldi-
ques et de rinceaux brochés en couleur sur fond
cramoisi; il est bordé d'une frange métallique à
grille.

10 — Tapis de guéridon en soie violette ornée de
gerbes de fleurs exécutées en cannetille et pail-
lettes métalliques argentées et bordé d'une frange
analogue.

11 — Tapis portugais décoré d'un buisson de grosses fleurs en broderie de soie de couleur au
point de chaînette sur serge rouge lamée argent.

12 — Six panneaux étroits de la Chine (pour paravent), en soie brochée, or et couleur, représentant des éléphants, des rosaces et des rinceaux
fleuris sur fond rouge. Ils sont bordés d'une
grecque bleue sur or.

13 — Lé de taffetas violet, broché en couleur, bouquets et festons de fleurs, et lamé d'or et d'argent.

14 — Chemisette japonaise en soie bleue brochée et
brodée en soies de couleur.

15 — Bande Louis XIII en guipure de soies de couleur.

16 — Manteau demi-circulaire en velours pourpre
orné d'une large bordure en application de soie
blanche et broderie. Époque Louis XIV.

17 — Costume de la Régence, composé de : bel ha-
bit de velours marron, très richement brodé en
lin et à parement de brocart, culotte en velours
pareil, grand gilet à manches en brocart d'or à
fond rouge.

18 — Gilet sans manches en soie brochée blanc et
tissée de fils argentés sur fond rouge.

19 — Très grand tapis oriental à fleurs et entrelacs
sur fond rouge avec bordure fond vert.

20 — Deux pentes formées de belles bandes de tapisserie ancienne ; guirlandes de fleurs et de fruits,
et amours, entourées de panne verte.

21 — Six grands rideaux ornés de larges et belles
bandes d'ancienne tapisserie : amours et guirlandes, encadrés de panne verte.

22 — Grand bandeau formé d'une belle bordure en
tapisserie de l'époque Louis XIV, guirlandes et
corbeilles de fleurs, appliquée sur un fond de
panne verte, bordé de franges de laine.

23 — Deux pentes étroites en tapisserie de l'époque Louis XIV, appliquée sur panne rouge bordée d'un câblé.

24 — Bandeau de panne rouge avec galons et franges de couleur en laine.

25 — Deux rideaux de lit et un lambrequin, deux rideaux de fenêtre et un lambrequin, en étoffe imitant le velours de Gênes.

26 — Deux rideaux de soie ton vieil or, avec broderies de même nuance.

27 — Ciel de lit et fond de lit en même étoffe.

28 — Deux rideaux de fenêtres en lampas à fleurs brochées en couleur sur fond noir et doublés en soie blanche ; deux lambrequins pareils avec galeries dorées ; quatre portières de même étoffe doublées en soie rouge ; deux autres doublées en peluche ; le tout avec passementerie et frange assorties.

29 — Canapé, trois fauteuils et deux chauffeuses en lampas capitonné, à fleurs brochées en couleur sur fond noir.

30 — Quatre chaises dorées, couvertes en même étoffe.

31 — Portière en peluche verte, brodée en soies, fleurs et rubans.

32 — Paravent à quatre feuilles en satin rouge de
la Chine, richement brodé en soie de couleur,
figures, palmiers, buissons fleuris, kiosques,
papillons, etc.

33 — Deux larges chaises recouvertes en soie gros
grain, brochée en couleur et or à fleurs sur fond
crème.

34 — Coussin en étoffe pareille.

TABATIÈRES

MINIATURES, OBJETS DE VITRINE

35 — Miniature ronde sur ivoire : portrait de petit
garçon portant une corbeille de raisins.

36 — Portrait d'enfant, jolie miniature, signée *Du-
chesne, 1822,* dans un cadre en bronze fleurdelisé,
doré au mat.

37 — Miniature ronde, attribuée à *Boilly :* portrait
de jeune femme en robe blanche, les cheveux
bouclés.

38 — Deux petits émaux peints sur or, représentant
des jeunes filles auprès de l'autel de l'Amour.
Époque Louis XVI.

39 — Coupe ovale en cristal de roche taillé, à décor

de godrons, avec monture en argent ciselé et doré.

40 — Boîte rectangulaire en cristal de roche, taillé à losanges en creux, avec monture en argent doré.

41 — Belle tabatière en jaspe héliotrope sanguin, à cuvette de forme contournée, avec monture en or de couleur ciselé, à fleurs et rocailles.

42 — Tabatière rectangulaire en ancien émail de Saxe fond blanc, à rocailles et entrelacs en relief et dorés, monture en argent.

43 — Gros cachet taillé à pans, en cristal de roche.

44 — Deux pièces : cachet en cristal de roche enfumé, intaille en pâte de verre.

45 — Deux très petites coupes en verre rubis, avec pieds et couvercles en cuivre gravé.

46 — Groupe en ivoire sculpté : les Petits Vendangeurs.

47 — Petit buste de Henri IV en ivoire sculpté.

48 — Deux plaquettes en forme de frises en ivoire sculpté à jour et représentant des figures et des chimères. Travail indien. Cadres en bois dur.

49 — Éventail chinois en ivoire finement sculpté et ajouré, à figures de dragons.

50 — Porte-cartes en ivoire sculpté et orné d'un grand nombre de figures sous des arbres. Travail chinois.

51 — Deux porte-tasses orientaux en filigranes d'argent avec parties dorées.

52 — Verrou armorié.

PORCELAINES, FAIENCES

53 — Petite pendule en porcelaine de Saxe, à statuettes d'enfants lisant ; elle est surmontée d'attributs des arts.

54 — Deux figures de Chinois accroupis sur des coussins, en porcelaine de Saxe.

55 — Groupe de trois figurines en vieux Saxe.

56 — Trois plateaux, en forme de feuilles, en Saxe décoré de fleurs.

57 — Étui à ciseaux en porcelaine de Saxe, gaufrée et décorée de fleurs.

58 — Deux tasses rondes, sans anses, et leurs soucoupes en vieux Saxe décoré de bouquets.

59 — Plateau à bord festonné en Saxe à fleurs.

60 — Deux couteaux à manches en Saxe.

61 — Petite tasse arrondie et sa soucoupe en vieux
Sèvres, pâte tendre, fond gros bleu, et réserves
contenant des guirlandes disposées en étoile.

62 — Deux pièces en Sèvres moderne : vase à pied,
forme tulipe, ajouré et décoré, et tasse décorée
de fleurs en couleur et d'ornements en dorure.

63 — Deux petites tasses campanulées en vieux
Chine, l'une décorée d'un coq, l'autre de fleurs
sur fond doré.

64 — Petit plateau hexagone et festonné en vieux
Chine, décoré d'un médaillon : scène galante.

65 — Beurrier en porcelaine de Sèvres, pâte tendre,
décor à fleurs et filets bleus.

66 — Deux vases-balustres en porcelaine de Chine,
décorée en bleu, fleurs et oiseaux.

67 — Deux potiches en porcelaine du Japon, déco-
rées en bleu, rouge et or, grosses fleurs et lambrequin.

68 — Petite potiche de style analogue.

69 — Cornet en vieux Chine, décor en bleu, arbres
en fleurs et oiseaux.

70 — Grand vase, en forme de balustre, à col évasé
en porcelaine de Chine émaillée noir uni.

71 — Vase-balustre à col droit garni de deux anses, en céladon vert d'eau à fleurs gaufrées sous émail.

72 — Vase-rouleau en ancienne porcelaine de Chine, décor bleu à paysage.

73 — Deux vases de style chinois, en forme de balustre carré, en terre laquée en couleurs et or sur fond noir à paysages et figures.

74 — Plat rond en porcelaine moderne du Japon, décor polychrome.

75 — Plat rond en grès émaillé gris, à dessins gravés en creux.

76 — Bouteille côtelée en faïence, décor bleu à lambrequin.

77 — Quatre soucoupes en porcelaine à décor de fleurs, dont deux en Sèvres, pâte tendre.

78 — Lot de plaques persanes, dont deux à fond bleu et décor en relief rehaussé d'or.

89 — Jardinière-applique en faïence de Niderwiller, décorée d'un paysage en camaïeu carmin.

80 — Service de table en faïence moderne décorée en bleu et chiffré S. G.

OBJETS VARIÉS

81 — TERRE CUITE. Buste, grandeur nature, de jeune femme en toilette élégante avec plumes dans la coiffure. Signé *Sauvageau.*

82 — Atlas in-folio du voyage de La Pérouse, avec gravures d'après Moreau le Jeune, Duché de Vamy, etc.

83 — La Vierge aux rochers, gravure de Desnoyers, d'après Léonard de Vinci.

84 — Quatre eaux-fortes de Manet, sujets variés.

85 — Pastel ovale par Manet : Buste de femme.

86 — Dessin à la sanguine : Tête d'enfant.

87 — Recueil de documents japonais photographiés.

88 — Deux pièces : poignée de rapière à large corbeille et épée de cour à poignée de cuivre.

BRONZES D'AMEUBLEMENT

89 — Jolie pendule de style Louis XVI, en bronze ciselé et doré, modèle de forme carrée, à cage décorée de guirlandes, de festons et de rinceaux ;

elle est surmontée d'un trophée des attributs de l'Amour et repose sur un socle en marbre blanc.

90 — Deux candélabres accompagnant la pendule qui précède, en bronze ciselé et doré ; les lumières, au nombre de sept, s'échappent de vases ovoïdes élevés sur trépieds à cariatides ; socles triangulaires en marbre blanc.

91 — Deux flambeaux style Louis XVI, en bronze doré, la tige composée de termes de femmes adossés, le pied à cannelures et consoles renversées, en ressaut.

92 — Naïade, par *J. Clésinger*, bronze de *Marnyhac*.

93 — Petit lustre de style flamand, à quatre bras porte-lumières, le bas formant lampe à huit becs.

94 — Grande pendule borne de forme carrée, en bronze doré au mat, avec figures allégoriques dans les angles et à trois cadrans portant le nom de Lepaute. Socle en marbre blanc.

95 — Deux girandoles à trois branches en bronze doré, pouvant accompagner la pièce qui précède.

96 — Miroir rectangulaire métallique portant au revers un dragon en relief. Travail japonais.

97 — Deux petites lanternes hexagones en cuivre poli.

MEUBLES

98 — Table italienne à pieds tors, en marqueterie dite *certosina,* enrichie d'incrustations de cuivre et de nacre.

99 — Vitrine de style Louis XVI, en amarante et thuya, à colonnettes cannelées garnies d'ornements en bronze ciselé et doré.

100 — Guéridon de même style supporté par quatre colonnettes cannelées.

101 — Meuble-vitrine en bois de fer incrusté de filets de cuivre, d'arbustes, d'oiseaux et d'inscription chinoise en nacre gravée.

102 — Écran en bois doré de style Louis XVI, avec feuille en tapisserie moderne d'Aubusson, fleurs et attributs champêtres.

103 — Crachoir rond en palissandre et bois rose garni d'ornements de bronze doré.

104 — Grand encrier en marqueterie de cuivre, corne et écaille, portant des inscriptions et un écusson. Style Louis XIV.

105 — Miroir de toilette avec cadre en bois noir, avec chiffre et couronne incrustés en argent.

106 — Petit paravent à quatre feuilles en acajou, et feuilles de papier peint chinois. Époque Louis XV. Collection Nadault de Buffon.

107 — Petit fauteuil de forme Louis XV, en bois sculpté et doré.

108 — Socle de pendule en marqueterie de cuivre et d'écaille.

109 — Console d'applique en bois doré, à têtes de chérubins et volutes.

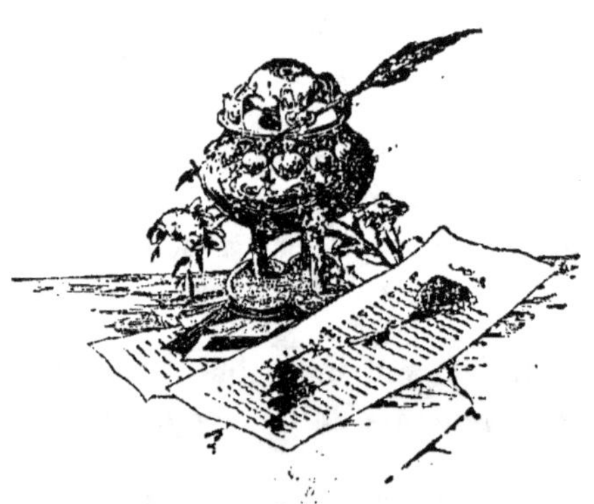